MGR CORTET

Évêque de Troyes

PRIX : 50 c., au profit d'une Église de campagne.

LA ROCHELLE
IMP. DU BULLETIN RELIGIEUX, 6, RUE GROSSE-HORLOGE.

1875

EN VENTE :

A Paris, chez Victor PALMÉ, rue Grenelle-Saint-Germain, 85;

A La Rochelle, à Troyes, à Nevers et à Autun, chez les libraires de l'Évêché.

Mgr CORTET

Évêque de Troyes

—

Prix : 50 c., au profit d'une Église de campagne.

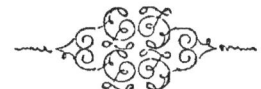

LA ROCHELLE
IMP. DU BULLETIN RELIGIEUX, 6, RUE GROSSE-HORLOGE.
—
1875

Par les temps agités que nous traversons, il faut à l'Eglise des évêques d'une trempe particulière. Sentinelles vigilantes du camp d'Israël, plus que jamais le devoir leur incombe de surveiller les manœuvres de l'ennemi, afin de dénoncer le mal, quelle que part qu'il se trouve, avec la sainte indépendance d'une âme droite et fière.

Ce sont les évêques qui ont fait la France antique, avec son vieil honneur et ses nobles traditions ! Ce sont eux encore qui la sauveront, en l'arrachant une seconde fois aux influences coupables qui l'entraînent vers l'abîme.

Pour garants de cet avenir, nous avons les talents et les vertus de nos nouveaux évêques et cette admirable union de l'Episcopat tout entier qui l'enchaîne par des liens plus que jamais indissolubles au Docteur infaillible du Vatican.

Oui, il est permis, même au sein des épreuves, de se livrer à la joie et à l'espérance, de baiser amoureusement la main de

Dieu lorsqu'on la voit, tous les jours, donner à son Eglise et à la France de pareils évêques.

Telles sont les réflexions qui nous sont venues à l'esprit, à l'occasion du décret qui nommait M. l'abbé Cortet, vicaire général honoraire de La Rochelle, au siége épiscopal de Troyes.

I

C'est dans l'ancienne capitale du Morvan, à Château-Chinon, chef-lieu d'arrondissement du département de la Nièvre, que vint au monde, en 1817, Monseigneur Pierre-Marie CORTET.

Il eut le bonheur de naître dans une de ces familles honorables, qui savent concilier les préoccupations et l'activité du commerce avec l'intégrité rigoureuse des vertus chrétiennes. Aussi puisa-t-il dans sa première éducation le respect et l'amour de l'autorité, la connaissance et la pratique des devoirs religieux, l'horreur et la fuite du mal: principes sacrés qui élèvent les âmes, ennoblissent les cœurs et prédisposent aux grandes et saintes vocations.

Le jeune Cortet fit ses études au petit Séminaire du diocèse. La Providence, du reste, l'avait richement doué : à une facilité prodigieuse il joignait une application soutenue. Ses progrès furent rapides et éclatants.

Le moment était venu pour lui de songer à embrasser une carrière, mais son choix ne devait être ni long ni embarrassant. Les élans naturels d'un cœur déjà pleinement acquis à la vertu, les leçons et les exemples d'une pieuse mère et, il faut le dire aussi, la voix mystérieuse du Ciel, tout concourait à pousser le jeune homme vers le sanctuaire.

Au grand Séminaire de Nevers, il se livra avec ardeur à l'étude de la théologie et de la Sainte-Ecriture, jusqu'au moment de son départ pour le Séminaire de Saint-Sulpice, à Paris, où il passa les deux années qui précédèrent son ordination sacerdotale.

Cette célèbre Compagnie était bien faite pour développer dans le jeune lévite, le germe des précieuses qualités d'esprit et de cœur que la nature et la grâce semblaient lui avoir prodiguées.

Il s'y pénétra des vertus qui font les prêtres selon le cœur de Dieu, et les véritables serviteurs de l'Eglise.

II

En 1842, il revint dans son diocèse, où il reçut l'onction sacerdotale des mains de Mgr Paul Naudo, son évêque, qui fut ensuite promu au siége archiépiscopal d'Avignon, où il est mort, plein de vertus et de mérites, le 23 avril 1848.

Quelques jours après son ordination, M. l'abbé Cortet entra au grand Séminaire de Nevers en qualité de directeur. Il y professa successivement l'Écriture-Sainte et le Dogme.

Malgré sa jeunesse, il prit un ascendant considérable sur l'esprit de ses élèves, qui ne tardèrent pas à reconnaître sa supériorité et à goûter ses enseignements.

C'est là, parait-il, qu'il fit ses premiers essais dans l'art oratoire. Son talent pour la parole se révéla, et ne cessa de grandir, à mesure qu'il approfondissait les questions les plus importantes de la philosophie, de la théologie, en un mot, de toutes les branches de la science ecclésiastique. Aussi la facilité naturelle de son élocution et la vivacité de son esprit, appuyées sur ce fond solide d'études sérieuses et variées, en firent-elles bien vite un orateur plein de charmes.

Sa santé ne lui permit point d'exercer longtemps ce genre de vie qui convenait pourtant si bien à ses aptitudes et à ses goûts, mais qui usait sensiblement ses forces. Il lui fallut quitter l'enseignement, et l'administration diocésaine le nomma curé de Colméry, arrondissement de Cosne.

Il passa deux années à peine dans cette paroisse, où il fit preuve en tous ses actes d'une âme aussi intelligente que généreuse et désintéressée.

Les événements politiques de 1848 venaient d'éclater. Dans toute la France, mais surtout dans les centres industriels, s'agitaient ces passions menaçantes que la Révolution surexcite toujours et que l'Évangile apaise. La paroisse de *la Charité-sur-Loire*, petite ville située à 23 kilomètres de Nevers, se fit remarquer entre toutes les autres, par l'exaltation de ses opinions. Il fallait là un prêtre choisi pour calmer cette fermentation. L'esprit conciliant qu'on avait remarqué dans le curé de Colméry le fit désigner pour cette œuvre délicate. Il fut nommé archiprêtre de la Charité.

Le poste était difficile ; un cœur moins vaillant que le sien eût hésité ! Il n'hésita pas un instant. Il vit clairement les difficultés, mais il vit aussi ce que la gloire de Dieu et le salut des âmes exigeaient de lui. Plein de confiance en Dieu, il se mit résolûment à l'œuvre et *marcha droit devant lui* !

Reçu par la population avec les témoignages du plus profond respect, il entra dans sa paroisse comme un pasteur qui apporte les bénédictions de Dieu.

Bien vite, le nouvel Archiprêtre comprit l'état des choses ; il mesura l'étendue du mal, en sonda les profondeurs et sut habilement y apporter un remède efficace, en calmant avec tact les passions irritées. Au bout de quelques mois, les paroissiens de la Charité se trouvèrent complètement changés.

Il avait gagné la confiance de tous par un langage que tous pouvaient comprendre. Ce langage lui était inspiré par deux sentiments profondément enracinés au fond de son cœur : l'amour de Dieu et l'amour de ses frères.

M. l'abbé Cortet jouissait de l'estime et de l'affection générale, quand Mgr Dufêtre, juste appréciateur du vrai mérite, le nomma Supérieur du petit Séminaire de Pignelin et, peu après, vicaire général honoraire.

III

C'est au mois d'octobre 1850 qu'il prit la direction de cet important établissement.

On ne se trompa point à l'endroit du nouveau supérieur. Jamais choix ne fut mieux justifié, et l'on peut dire que tout chez lui était à la hauteur de la mission : sa gravité naturelle, ses manières affables, son dévouement à la jeunesse.

En peu de temps, il rendit cette maison remarquable entre toutes. Il y fit fleurir, avec les bonnes études, la discipline et la piété. On était frappé, quand on pénétrait dans son enceinte, de l'air de famille qui y régnait ; de maître à élève et d'élève à maître, c'était un abandon tout plein d'une cordiale simplicité ; les élèves vivaient entre eux comme des frères.

Cependant, au milieu de ses charges et de ses occupations multipliées, l'éminent supérieur nourrissait depuis longtemps une secrète et pieuse ambition.

A la fin d'une année scolaire pleine de labeurs et de succès, jugeant le moment de la Providence arrivé, il tourna ses pensées et ses regards vers l'Orient. Apôtre de l'Évangile, il se souvint de la Terre-Sainte, de cette terre qui renferme à la fois et le tombeau du Christ et le berceau de l'Église.

Il se rappela que de cet Orient, qui ne nous envoie plus aujourd'hui que la lumière du soleil, il nous était venu jadis une autre lumière qui venait de plus haut et de plus loin, lumière qui avait éclairé et régénéré le monde.

En compagnie de trois prêtres de Nevers, il s'achemine vers la Cité sainte, visitant tous ces sanctuaires vénérables, mettant ses pieds où le Sauveur avait mis les siens, rencontrant à chaque pas un souvenir sacré, et sentant à chaque moment grandir son amour et sa foi.

Plus tard, nous trouverons dans sa prédication une profonde empreinte des émotions qu'il avait recueillies à Bethléem, à Nazareth et dans tous les lieux sanctifiés par la présence du Sauveur.

Partie de Marseille le 30 août 1862, la

pieuse caravane, qui avait à sa tête M??? Maupoint, évêque de Saint-Denis de la Réunion, et pour vice-président M. l'abbé Cortet, débarquait, après un heureux voyage, dans la même ville, le 3 novembre suivant.

Durant quinze années, nous voyons M. Cortet tantôt vicaire général titulaire et en même temps supérieur du petit Séminaire de Pignelin, tantôt vicaire général seulement, résidant à Nevers.

Dans l'intervalle, trois supérieurs passèrent successivement à Pignelin. Les difficultés qu'ils rencontrèrent dans l'exercice de leur charge obligèrent M??? Dufêtre à replacer, par deux fois, M. Cortet à la tête de l'établissement.

Pendant les moments libres que pouvait lui laisser la direction du Séminaire, l'infatigable vicaire général prêtait à son évêque un concours actif et empressé pour l'administration du diocèse.

IV

Cependant, M. l'abbé Cortet s'était fait un nom parmi les prédicateurs les plus goûtés de l'époque. De toutes parts, lui arrivaient les plus pressantes et les plus flatteuses invitations.

Les communautés religieuses lui offraient des Retraites; les grandes chaires, des Carêmes et des Avents; les évêques, des Retraites ecclésiastiques. Il crut faire une œuvre agréable à Dieu en résignant ses hautes fonctions administratives pour entrer, sans réserves, dans la voie de l'apostolat.

Une circonstance bien imprévue devait l'en arracher subitement pour le replacer, après deux années seulement de trêve, sur un théâtre qu'il semblait avoir abandonné pour longtemps.

Il prêchait à la cathédrale d'Autun, en 1867, la Station quadragésimale, lorsque M. l'abbé Thomas, vicaire général du diocèse, qui venait d'être nommé, par décret impérial, à l'évêché de La Rochelle, aux lieu et place de Mgr Landriot, promu à l'archevêché de Reims, lui fit l'offre de l'accompagner en qualité de grand-vicaire.

La demande était faite en des termes qui ne permettaient guère de s'y soustraire.

Néanmoins, s'il se rendit aux instances affectueuses du vénérable Prélat, c'est qu'il lui fut donné l'assurance qu'il pourrait se livrer encore à toutes les ardeurs de son zèle apostolique pour la prédication des Retraites pastorales.

A peine arrivé dans le diocèse de La Rochelle, investi de toute la confiance de son nouvel évêque, il se mit résolûment à l'œuvre.

On le trouvera bientôt partout où il y aura une mission délicate à remplir, un abus à corriger, une réforme à opérer, une impulsion à donner, traitant les questions avec prudence et dextérité.

Il ne lui fallut pas longtemps pour faire briller au grand jour sa riche expérience des hommes et des choses, son étude longue et approfondie de la théologie et de la discipline ecclésiastique, l'esprit pratique de ses décisions, toutes les qualités, en un mot, qui constituent un éminent Vicaire général.

D'une modestie qui n'a d'égale que l'étendue de ses mérites, il semble n'avoir à cœur par-dessus tout, après la gloire de Dieu, que l'honneur et l'intérêt du premier Pasteur du diocèse, pour lequel il professe en toute occasion un dévouement sans bornes. On dirait que sa devise est celle de Jean-Baptiste : *Illum oportet crescere, me autem minui !...*

Au milieu de ses nombreuses occupations, M. l'abbé Cortet trouvait encore le temps de multiplier ailleurs les œuvres de son zèle sacerdotal. Supérieur des deux communautés des Sœurs de l'Espérance et des Dames du Refuge, directeur du Catéchisme de Persévérance, destiné aux jeunes filles de la classe élevée, et de l'Adoration nocturne du Très-Saint-Sacrement, il savait partout donner des conseils pleins de sagesse et d'à-propos.

En dehors de ces réunions intimes de piété, il aborda plusieurs fois, dans des circonstances solennelles, la chaire de la Cathédrale. Sa parole était toujours sûre d'y rencontrer un auditoire sympathique et empressé. Il possède en effet, à un haut degré, les qualités d'un orateur chrétien : une voix claire et vibrante, une prononciation distincte, un geste grave et souvent animé, un accent profondément convaincu, une attitude imposante et un ton de douce autorité qui pénètrent profondément et subjuguent les esprits et les cœurs.

La Rochelle n'oubliera pas, en particulier, deux occasions mémorables où cette éloquence revêtit un caractère plus marqué.

La première fois, c'était au jour béni du Jubilé sacerdotal de Pie IX. S'inspirant de son ardent amour pour l'Eglise, il parla des luttes et des triomphes de la Papauté avec une voix si énergique et si émue, qu'il fit courir dans tous les rangs de l'auditoire un frisson d'enthousiasme pour cette cause sacrée.

Une autre fois, c'était le lundi de Pâques, jour où la Cathédrale unit à l'anniversaire traditionnel de la *Guérison du Muet* la fête de l'Adoration perpétuelle. Le prédicateur réveilla avec une telle puissance de logique

les motifs de notre Foi aux saints mystères, que tous ses auditeurs, profondément émus et comme électrisés semblaient prêts à devenir autant d'apôtres de l'Eucharistie et, s'il l'eût fallu, autant de martyrs.

Cette voix éloquente il la mettait non moins volontiers au service de la classe ouvrière et de la jeunesse, dans des conférences familières semées de comparaisons simples et expressives, de traits historiques et de ces mots chaleureux qui vont tout droit au cœur. Il aimait tout, le bon prêtre : ses braves travailleurs, ses chers apprentis, les affligés, les pauvres, tous ceux, en un mot, qui souffrent et qui cherchent un appui !...

Que n'aurions-nous pas à dire de ses retraites ecclésiastiques si fécondes et si applaudies à Poitiers, Paris, Luçon, Amiens, Perpignan, Blois, Dijon, La Rochelle, Angoulême, Reims et bien d'autres diocèses !

Quelle autorité dans cette parole si pleine de la sève des divines Ecritures ! quelle fine et délicate analyse du cœur humain ! quelle ressemblance dans ses tableaux ! quelle netteté dans ses conseils !

Il nous reste à tracer en quelques mots un des derniers épisodes de son zèle sacerdotal.

V

La guerre fatale de 1870 avait multiplié nos désastres et amené l'étranger jusqu'au cœur de la France. A l'appel de la patrie menacée, toute la jeunesse abandonne ses foyers pour voler sous les drapeaux. Des régiments de mobiles s'organisent à la hâte et le service religieux est improvisé par le dévouement du clergé.

Profondément touché des malheurs du pays, n'écoutant que son immense désir de faire du bien, M. l'abbé Cortet réclame l'honneur de partager cette noble mission. Et malgré son âge avancé et ses cheveux blancs, on le voit suivre nos soldats dans leurs pénibles étapes, les fortifiant de son exemple et de ses exhortations.

Ce qu'il eut à souffrir des rigueurs de l'hiver, des fatigues et de la faim, on le devine aisément; rien néanmoins n'affecta douloureusement son vaillant cœur, comme les maux de la patrie sanglante et l'inimaginable désordre qui régnait parmi ses défenseurs.

Portant déjà sur sa poitrine la croix de la Légion-d'Honneur, qu'il faisait beau de le voir à la veille de la lutte, encourager les combattants, réveiller en eux les sentiments de la foi, leur montrer en haut la récompense assurée de leur héroïque bravoure et de leur noble dévouement !

Et puis, sur le champ de bataille, ramassant les blessés, consolant les mourants, les réconciliant avec le Ciel qui, pour eux, allait bientôt s'ouvrir ; recueillant avec un pieux empressement et une tendresse affectueuse leurs dernières volontés et le suprême adieu pour la pauvre mère qui pleure et qui prie là-bas au foyer de la famille !

L'intrépide aumônier militaire, habitué depuis de longues années à ne point marchander avec le devoir, s'était comme identifié avec les troupes dont les intérêts religieux lui étaient confiés. Que de fois, scrupuleux observateur d'une discipline dont il lui était si facile de s'affranchir, il se fit un point d'honneur de partager le pain durci du soldat et de préférer au lit commode que l'amitié lui offrait, la paille froide et humide, distribuée avec parcimonie dans le coin d'une étable, dans un réduit abandonné !

Inutile d'ajouter qu'un dévouement si sublime faisait l'admiration de tous, et que cet homme de Dieu était estimé, chéri, vénéré de ceux même qui faisaient profession de haïr ou de mépriser le sacerdoce de Jésus-Christ.

Tant de privations, tant d'émotions poignantes usèrent à la fin cette santé autrefois si robuste. Il fallut quitter, bien à regret, le théâtre de la guerre pour rentrer à La Rochelle.....

Au bout de quelques semaines, ranimé par des soins intelligents et dévoués, il crut avoir retrouvé assez de forces pour se remettre au travail.

Toutefois, le tempérament avait subi de sérieuses atteintes qui demandaient des ménagements tout particuliers ; une fièvre lente et opiniâtre le minait sourdement. La science médicale comprit enfin que le climat de La Rochelle ne lui était point favorable ; il dut partir pour les Pyrénées et se rendit à Perpignan.

Après quelques mois de séjour, l'air pur et vivifiant des montagnes produisit d'heureux effets. M. l'abbé Cortet put reprendre ses travaux apostoliques, il se remit à prêcher des retraites avec une ardeur toute nouvelle. Son retour au voisinage de la mer compromit de nouveau l'amélioration commencée. Devant cette douloureuse nécessité, il lui fallut dire adieu au beau diocèse de La Rochelle, à l'administration duquel il avait travaillé durant sept années ; abandonner le digne et saint Evêque dont il était le confident intime et l'auxiliaire dévoué, pour aller demander à ses chères montagnes du Nivernais le calme de la solitude, et retremper ses forces pour de nouveaux labeurs.

VI

Cependant, la Providence n'avait point dit son dernier mot. M. l'abbé Cortet était à peine fixé dans le lieu de son repos, où l'avaient suivi tant de bénédictions et de regrets, qu'un décret présidentiel, du 3 août 1875 qui suivit de près (on le remarqua), le passage de Mgr de La Rochelle à Paris, vint inopinément l'arracher à ses pensées de retraite et l'appeler au siége épiscopal de Troyes, vacant par la démission de Mgr Ravinet.

Préconisé dans le consistoire tenu à Rome le 27 septembre suivant, le digne Prélat sera sacré par Mgr l'Archevêque de Sens, son métropolitain, assisté de NN. SS. les Évêques de La Rochelle et de Nevers, mardi prochain, 30 novembre fête du bienheureux apôtre saint André.

Cette auguste cérémonie aura lieu dans l'insigne basilique de Paray-le-Monial, patrie de son ancien Évêque et berceau de cette dévotion au Sacré-Cœur de Jésus, également chère aux deux prélats.

L'Episcopat présente une trop haute responsabilité devant Dieu, pour pouvoir être considéré seulement comme une récompenses des services rendus à l'Église. Les bons prêtres ne s'y trompent pas, malgré les appréciations du monde, et ils regardent comme une charge redoutable, le poids des âmes qu'ils acceptent avec frayeur, en disant à Dieu avec le Prophète royal : « Seigneur, vous nous avez tendu un piége, vous nous avez chargé de tribulations ; car vous avez mis les hommes sur nos épaules : » *Induxisti nos in laqueum, posuisti tribulationes in dorso nostro, imposuisti homines super capita nostra.* (Ps. LXV.)

C'est pour eux, du reste, la meilleure marque d'une vocation divine et le plus consolant motif de se rassurer contre les périls de leur charge.

Tels furent assurément les sentiments de M. l'abbé Cortet, quand il se vit appelé à un évêché, dont on croyait devoir honorer toute sa vie antérieure, si dévouée aux vues du Saint-Siége, au bien des fidèles et à ses religieuses convictions.

Nos sympathies pleines de respect le suivront dans cette position nouvelle, où rien ne sera changé de ses habitudes, de son caractère, de ses principes.

Faisant la plus grande part de sa vie à son importante tâche, aucune à ses honneurs, et dominant les difficultés inattendues par une fermeté sans rudesse et une douceur qu'aucune faiblesse ne dénatura jamais, puisse le bien-aimé Prélat vivre heureux, longtemps, et faire dans le beau diocèse de Troyes, illustré par saint Loup et sainte Prudence, tout le bien que désire son âme apostolique !

AD MULTOS ANNOS !...

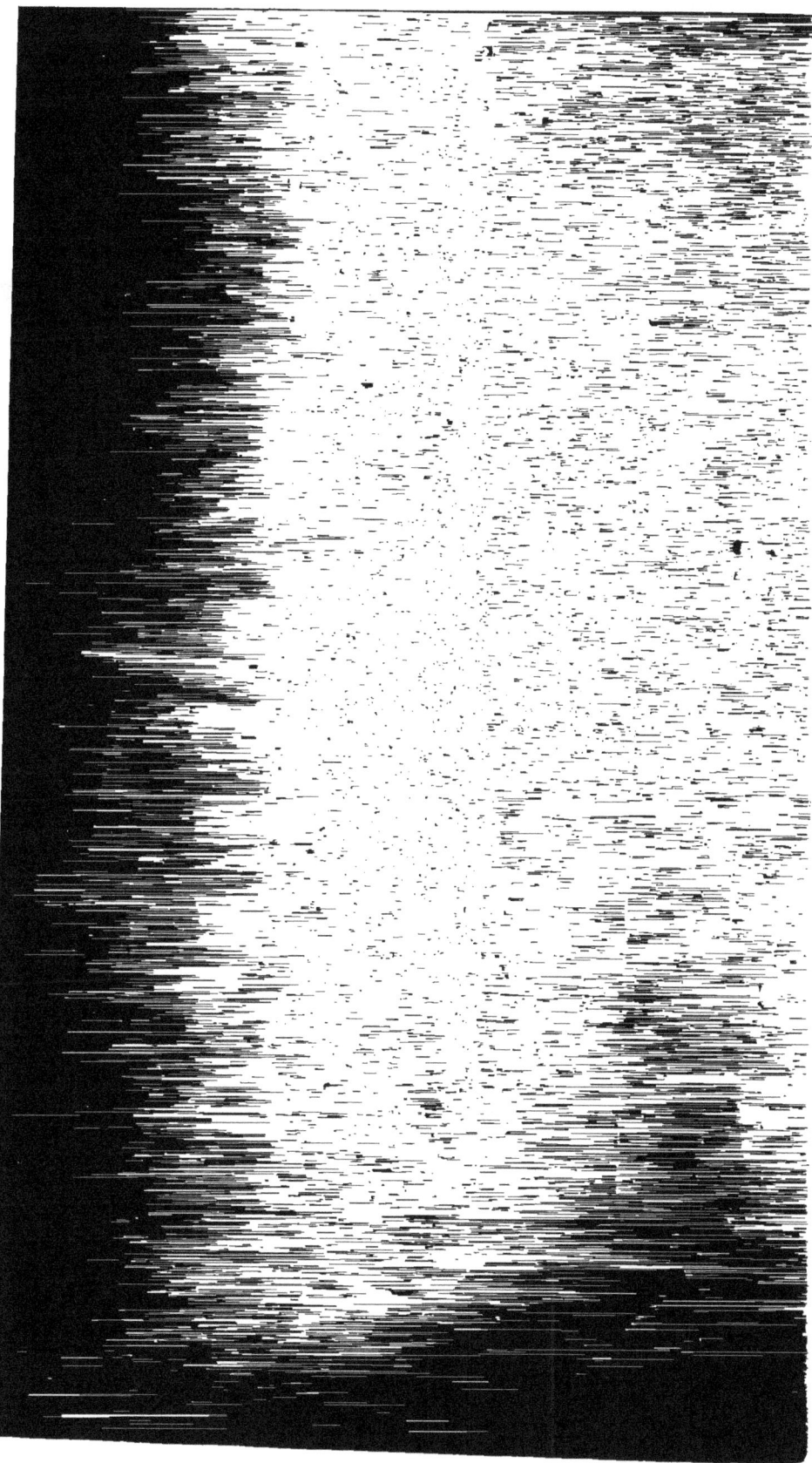

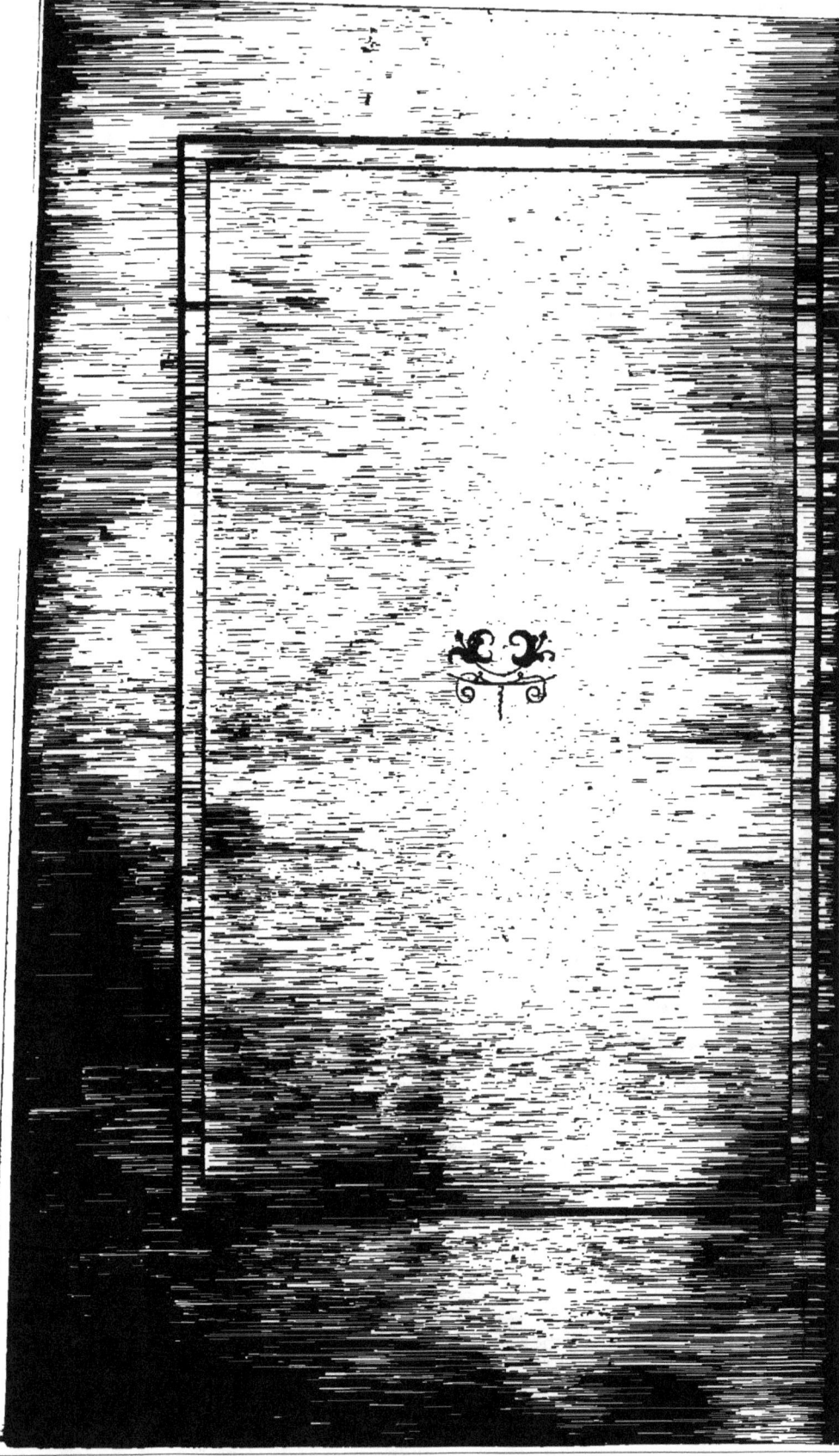

www.ingramcontent.com/pod-product-compliance
Lightning Source LLC
Chambersburg PA
CBHW060524050426
42451CB00009B/1146